LE CABINET DU ROI.

ÉCOLE ITALIENNE.

DE L'IMPRIMERIE DE J.-M. EBERHART,
RUE DU FOIN SAINT-JACQUES, N° 12.

LE CABINET DU ROI,

ou

LES PLUS BEAUX TABLEAUX

DES ÉCOLES FRANÇAISE, FLAMANDE ET ITALIENNE,

QUI ORNENT LE CABINET DU ROI,

GRAVÉS EN MINIATURE;

ACCOMPAGNÉS D'UNE NOTICE SUR CHAQUE MAÎTRE

PAR F.-A. DAVID,

GRAVEUR DE LA CHAMBRE ET DU CABINET DU ROI.

ÉCOLE ITALIENNE.

TOME SECOND.

PARIS,

CHEZ F.-A. DAVID, GRAVEUR DU CABINET DU ROI,

RUE DE CORNEILLE, N° 3, PRÈS L'ODÉON.

1817.

LE CABINET DU ROI,

ou

LES PLUS BEAUX TABLEAUX

DES PEINTRES DE L'ÉCOLE ITALIENNE,

L'École Italienne se subdivise en quatre principales :

1°. *L'École Florentine.* C'est la plus ancienne, mais la moins nombreuse de toutes. Elle reconnoît pour chefs Léonard de Vinci, et le fameux Michel-Ange Buonaroti. Les Artistes qu'elle a produits se sont rendus recommandables, à l'exemple de leurs fondateurs, par un goût de dessin fier et décidé, par une sublimité d'expression qui donne quelquefois dans le gigantesque, qui semble souvent outrée et hors de nature, et qui cependant est toujours magnifique. Le coloris avoit été d'abord négligé dans cette École ; mais dans la suite, cette partie de la Peinture s'y est perfectionnée, sans qu'on ait néanmoins abandonné le grand goût de dessin et d'expression.

2°. *L'École Romaine.* On la regarde comme la première et la plus célèbre de toutes ; et elle date son existence du temps de Raphaël, qui est son fondateur.

3°. *L'École Vénitienne.* On reproche, à cette École, d'avoir négligé le dessin. La raison en est qu'y ayant très-peu d'antiques dans cette ville, les Peintres se sont attachés particulièrement à exprimer le beau naturel de leur pays. Ils l'ont imité avec une perfection et une fidélité qui séduit les yeux. Leur coloris, dit M. l'Abbé Richard, est savant et enchanteur; on y remarque la plus grande intelligence du clair-obscur, une belle imagination, une ordonnance riche, les touches gracieuses et les plus spirituelles, enfin une manière qui enchante surtout dans les belles et savantes compositions du Titien et de Paul Véronese. Les Bellin, le Giorgion et le Titien surtout ont porté la manière vénitienne à une perfection que l'on a eu peine à égaler.

4°. *L'École Lombarde.* Elle doit sa naissance au Corrège et elle compte parmi les Peintres qui l'ont illustrée, le Parmesan, le Schidone, les Carraches, le Guide, le Guerchin, le Dominiquin et l'Albane. Tous ces grands Artistes ont possédé les qualités qui forment la perfection de l'art de peindre. A un dessin coulant, nourri, moëlleux, et formé sur l'étude de l'antique, ils ont joint les beautés vivantes et sensibles de la nature, une ordonnance riche, une belle expression, des couleurs fondues, un pinceau léger, une touche savante, noble et gracieuse.

PLANCHE PREMIÈRE.

LE GUIDE.

L'ENLÈVEMENT DE DÉJANIRE PAR LE CENTAURE NESSUS.

HERCULE, victorieux, retournoit avec Déjanire qu'il avoit épousée ; il la confie à Nessus pour la transporter au delà du fleuve Evène, qui étoit débordé. Le Centaure, devenu amoureux de la Princesse, veut l'enlever ; mais Hercule, de la rive opposée, décoche une flèche qui le blesse mortellement.

LE GUIDE, Peintre et Graveur, né à Bologne en 1575, mort dans la même ville en 1641.

Il fut d'abord placé chez Denis Calvart, bon Peintre Flamand, qui en peu de temps le rendit habile : mais à l'âge de vingt ans, il le quitta pour entrer à l'École de Louis Carrache. Le Guide étoit si bien fait, et si beau de visage, que Louis le prenoit pour modèle quand il peignoit des Anges. Complaisant pour ses autres disciples, bientôt Louis cessa de l'être pour Le Guide ; jaloux de ses grands succès, il lui donna plusieurs sujets de mécontentement qui le firent sortir de son École. Ce fut alors qu'il travailla en concurrence avec Louis, et qu'il fut préféré dans plusieurs ouvrages publics. La pratique de peindre à fresque ajouta encore à son savoir. Le morceau qui représente Saint Benoît recevant des présens de plusieurs personnes distinguées par l'âge, le sexe, les habits, est peint d'une si grande manière, dans le cloître de Saint-Michel, *in bosco*, que Louis en fut frappé. On trouve dans les variétés de ses Tableaux, le goût de Raphaël, du Corrège, du Titien et de Michel-Ange.

L'envie de voir les excellentes Peintures de Rome porta Le Guide et L'Albane à s'y rendre de compagnie. Ils y trouvèrent le Cavalier Josephin, jouissant pour lors d'une grande gloire. Ce dernier employa Le Guide à plusieurs ouvrages. Sa réputation fut bientôt établie par d'excellens morceaux, et Paul V le choisit pour la Chapelle secrette de *Monte Cavallo*

Mécontent du trésorier du Pape, qui refusoit de lui payer ce qui lui étoit dû sur la Chapelle de *Monte Cavallo*, il quitta brusquement Rome, et ne consentit à revenir qu'à condition qu'il n'auroit point affaire aux ministres du Pape. La plupart des Cardinaux, à son arrivée à Rome, envoyèrent leur carrosse au-devant de lui jusqu'au *pont Mole*, suivant l'usage observé aux entrées des ambassadeurs. Le pape le reçut fort bien, lui fit payer ce qui lui étoit dû, et lui assigna une pension et des vivres, avec un carrosse à sa disposition. Mais quelque temps après, sa pension ayant été supprimée, et ayant attendu vainement un ordre de chevalerie, qu'on lui avoit promis, il s'en retourna à Bologne pour y jouir de sa patrie et de ses amis.

Le clavecin, après son travail, lui servait de délassement. Il ne lisoit guère et écrivait peu ; mais il se livroit volontiers à la société. Sa seule passion fut le jeu qui le mit toujours, malgré les sommes considérables qu'il touchoit, fort mal à son aise.

Il se trouva à la fin abandonné de ses amis, qui ne voulurent plus lui prêter d'argent. Alors, poursuivi par ses créanciers, il devint chagrin au point qu'il en mourut.

La correction, dit M. d'Argenville, la légéreté de la touche,

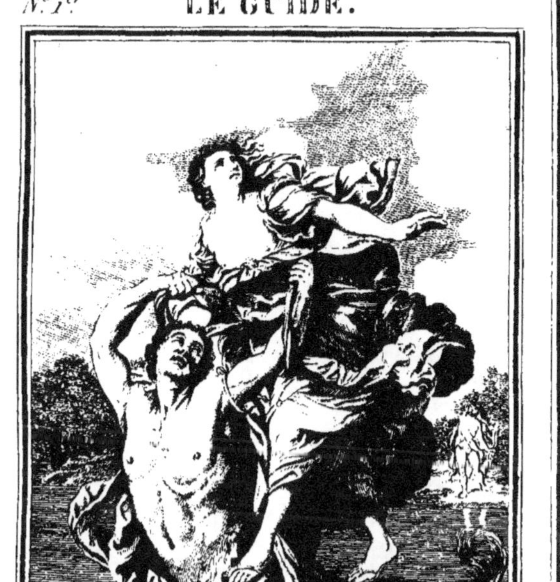

Enlèvement de Déjanire.

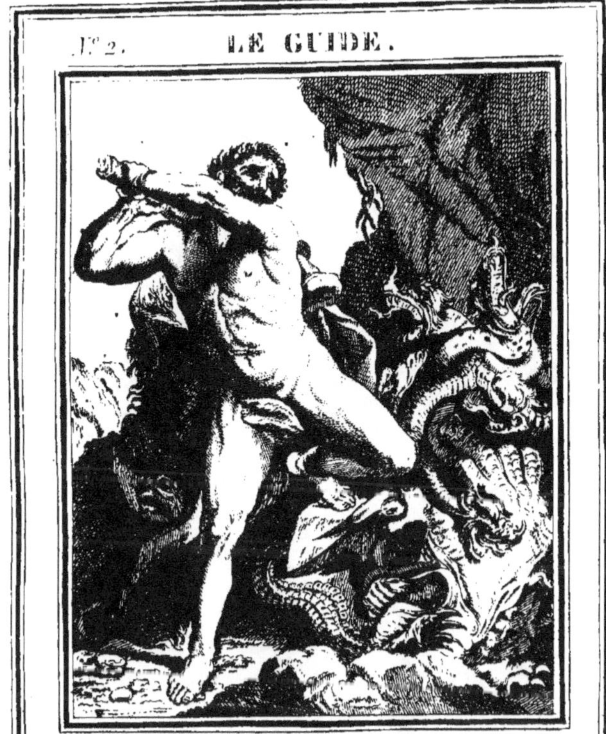

Hercule tue l'hydre.

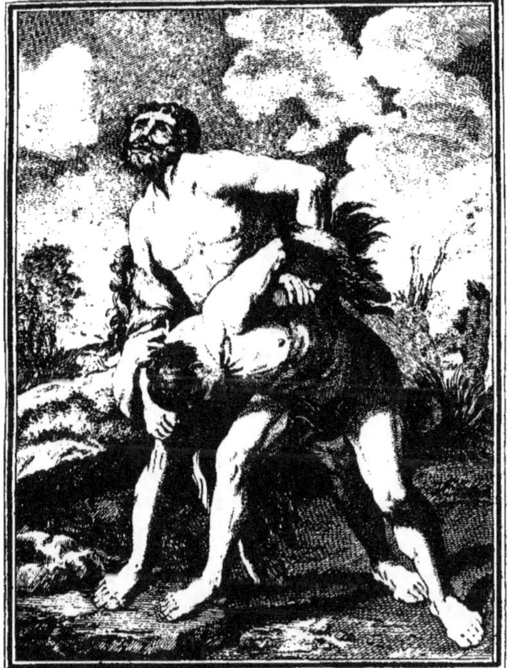

Combat d'Hercule et d'Achéloüs.

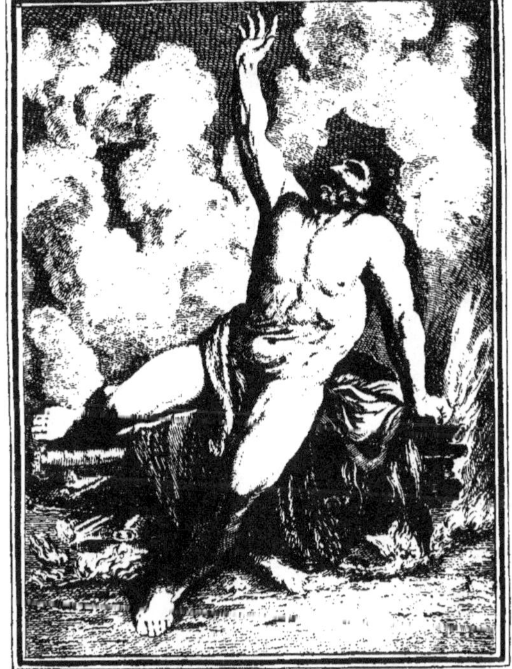

Hercule sur le Bucher.